Simone Sander

Der Herr ist mein Hirte

Gedanken zum 23. Psalm

Agentur des Rauhen Hauses Hamburg

Der gute Hirte

Der Herr ist mein Hirte,
mir wird nichts mangeln.
Er weidet mich auf einer grünen Aue
und führet mich zum frischen Wasser.
Er erquicket meine Seele.
Er führet mich auf rechter Straße
um seines Namens willen.
Und ob ich schon wanderte im finstern Tal,
fürchte ich kein Unglück;
denn du bist bei mir,
dein Stecken und Stab trösten mich.
Du bereitest vor mir einen Tisch
im Angesicht meiner Feinde.
Du salbest mein Haupt mit Öl
und schenkest mir voll ein.
Gutes und Barmherzigkeit
werden mir folgen mein Leben lang,
und ich werde bleiben
im Hause des Herrn immerdar.

Psalm 23

Der Herr ist mein Hirte, mir wird nichts mangeln.

Die ganze Fülle des Lebens ist in diesem Psalm beschrieben. Die grünen Auen, also die schönen und leichten Seiten des Lebens, und die finsteren Täler, Zeiten der Not, der Verluste und Schmerzen. Beides gehört zu unserem Leben dazu: Grünes, Helles, Klares – und Dunkles, Undurchsichtiges, Beschwerliches.

Ich kenne keinen Menschen, der in seinem Leben nur gute Zeiten erlebt hätte, ich kenne zum Glück aber auch keinen, der von sich ehrlicherweise behaupten könnte, er hätte immer nur Schweres erlebt.
Der Liederdichter Herbert Grönemeyer erzählt in seinem Lied „Mensch“ von diesem Auf und Ab in unserem Leben: „Der Mensch heißt Mensch, weil er irrt

und weil er kämpft, weil er hofft und weil er liebt, weil er mitfühlt und vergibt, und weil er lacht und weil er lebt.“ Mensch sein, Mensch werden, Mensch bleiben heißt, ein Leben lang unterwegs zu sein, zu sich selbst und zu anderen. Wie gut ist es, dass wir unseren Lebensweg nicht alleine gehen müssen. Umgeben von Eltern, Partnern und guten Freunden wird unser Weg bunt und auf mühseligen Strecken auch leichter. Wir sehnen uns nach Menschen, die bei uns sind und auch bleiben.

Der Mensch ist aber nicht immer verlässlich, jeder wird da seine eigenen Erfahrungen gemacht haben. In uns allen steckt wohl die Sehnsucht, es möge einen geben, der bei uns bleibt, der mit uns geht, für immer.
In allen faszinierenden und in allen widersprüchlichen Erfahrungen, die wir dabei machen, spricht Gott uns zu: „Ich bin bei dir, ich begleite dich, ich verlasse dich nicht, wohin du auch gehst. Manchmal bin ich dir sogar gerade dann am nächsten, wenn ich dir am weitesten entfernt erscheine.“

Er weidet mich
auf einer grünen Aue
und führet mich
zum frischen Wasser.

Gott ist die Quelle des Lebens. Bei einer Quelle versickert das Wasser nicht gleich wieder, sondern fließt weiter. Und da, wo es fließt, macht es den Staub lebendig. Es weckt Leben.

Gott begnügt sich nicht damit, Leben hervorzubringen: Er will auch erhalten, will geben, was nötig ist, damit Pflanzen blühen, Tiere und Menschen leben können. Und wie eine Quelle unablässig und übersprudelnd fließt, so schenkt Gott uns nicht nur das Nötigste. Nein, er hat eine Lust am Überfluss, damit es uns gut geht, damit wir unser Leben nicht nur leben und funktionieren müssen, sondern es auch genießen können.

Es hätte gereicht, Pflanzen zu schaffen. Gott aber gab ihnen Farben und Duft. Es wäre genug gewesen, den Menschen eine Stimme zu geben. Gott aber schenkt Melodie und Gesang. Es wäre ausreichend, es miteinander aushalten zu können. Gottes Zugabe aber sind Liebe und Freundschaft. Und zum bloßen Leben an sich gibt er uns Hoffnung und Mut.

Das sind nur einige Beispiele, aber gerade dieses „Überflüssige“ ist das, woraus wir Kraft schöpfen, wodurch wir selbst lebendig werden und unser Leben erst schön und lebenswert wird.

Was ist oder war auf meinem Lebensweg solch eine Quelle? Was belebt und erfrischt mich in meinem Alltag, was weckt meine Lebensgeister, wenn ich müde und erschöpft bin? Wo komme ich zur Ruhe und kann aufatmen? Es tut gut, sich immer wieder auf solche Quellen und grüne Auen zu besinnen, die Gott uns geschenkt hat. Gerade auch in den Zeiten, die mühsam und schwer sind. Es tut gut, an den Zuspruch zu glauben: „Er führet mich zum frischen Wasser“, gerade dann, wenn ich es am nötigsten brauche.

Deine Schöpfung birgt
den Himmel auf Erden,
und du kennst die Wege,
die mich zu meinem Glück führen.
Du behütest meine Seele
und ebnest mir den Weg.
Drum geb ich dir gern meine Hand
und lasse mich von dir
durchs Leben führen.

Angelika Schäfer

Er erquicket meine Seele.

Ein älterer Mann erzählt: „Ich war damals ungefähr zehn Jahre alt, und meine Mutter war krank geworden. Eines Nachts stand ich auf, um einen Schluck Wasser zu trinken. Als ich am Schlafzimmer meiner Eltern vorbeikam, sah ich Licht brennen und schaute hinein. Mein Vater saß am Bett meiner Mutter, sie schlief. Ich ging zu ihm und fragte aufgeregt: ‚Was ist los?' Mein Vater beruhigte mich und sagte: ‚Es ist nichts passiert, ich passe nur auf sie auf.' Diese Worte gingen mir nicht aus dem Sinn, sie hatten etwas ungemein Stärkendes. Als vor ein paar Jahren meine Frau lebensgefährlich erkrankte, weckten sie in mir ungeheure Energien."

Diese nächtliche Begegnung ist so etwas wie eine Hirtenszene. Gott ist da. Wo Gott ist, da ist Tragfähigkeit und Treue. Vielleicht konnten Sie schon erleben, wie sie zu Quellen geführt wurden, Quellen der eigenen Kraft, von der Sie vorher noch nicht wussten, dass sie da sind. Auch Menschen können zu solchen Quellen werden, nicht weil sie viel Worte machen, sondern einfach nur, weil sie da sind.

Er führet mich
auf rechter Straße
um seines Namens willen.

Leben bedeutet, immer weiterzugehen, nicht stillzustehen, von der Kindheit bis zum Alter. Manchmal müssen wir herunter von den grünen Auen und uns weiter auf den Weg machen. Manchmal haben wir es gern getan, sind gerne aufgebrochen vom Vertrauten, hatten neue Pläne im Kopf, waren verliebt, wollten Neues entdecken und ausprobieren. Manchmal taten wir es unfreiwillig. Wir mussten Abschied nehmen, wenn wir es gar nicht wollten, Träume, die wir uns gemacht hatten gingen so nicht auf.

Abschied zu nehmen vom Gewohnten und Vertrauten ist mit ganz unterschiedlichen Gefühlen verbunden: mit Freude und Spannung, mit Hoffnung, aber auch mit Ängsten. Gerade in diese Situation hinein spricht Gott uns zu: „Ich führe dich auf rechter Straße um meines Namens willen." Der Weg, den wir gehen, wird nicht ins Leere führen, sondern Sinn und Ziel haben. Manchmal verstehen wir Gottes Wege nicht und von „rechter Straße" ist oder war keine Spur zu sehen. Manchmal möchten wir lieber umkehren, weil der Weg zu weit und zu mühsam erscheint oder endlos weiterzuführen scheint, als gäbe es kein Ziel.

Eines jedoch wird uns immer wieder zugesprochen: Wir werden geführt, auch und gerade abseits der geraden Wege sind wir nicht alleingelassen. Vielleicht ist es wie in einem Labyrinth: Das, was uns wie ein Irrweg erscheint, führt uns in Wahrheit zum eigentlichen, für uns auf dem Weg noch verborgenen Ziel.

Wer es wagt, im Vertrauen auf Gottes Zuspruch seinen Weg weiterzugehen, gelangt trotz aller Kehrungen und Wendungen in die Mitte, die sich wie eine Blüte öffnet und der Weg im Nachhinein als sinnvoll erkennbar wird.
Lass dich nicht beirren, gehe im Vertrauen auf Gottes Zusage und unter seinem Schutz deinen Weg. In diesem Vertrauen wird dich dein Weg zur Mitte führen. Wenn du von hier aus das Ganze sehen wirst, wirst du erkennen: Es war *mein* Weg, es macht Sinn, ich bin angekommen.

Und ob ich schon wanderte
im finstern Tal,
fürchte ich kein Unglück;
denn du bist bei mir,
dein Stecken und Stab trösten mich.

Der Weg führt hinein in das Tal, das immer enger wird, in dem kein Sonnenstrahl mehr den Boden erreicht. Ewiger Schatten. Der original hebräische Worttext spricht hier nicht vom finsteren Tal, sondern von der Todesschattenschlucht.

Vielleicht haben Sie schon selbst erleben müssen, wie sich der Schatten des Todes über das Leben legt. Krankheiten, eine bedrohliche ärztliche Diagnose, der Verlust eines lieben Menschen oder am Ende das Nachlassen der eignen Kräfte. Was wir Menschen gerne verdrängen und sicher auch ein Stück weit verdrängen müssen, spricht der 23. Psalm direkt an: die Todesschattenschlucht.

Ist das das Ende? Die anderen sind nicht mitgegangen. Wir sind allein aufgebrochen in das Tal der Todesschatten. Menschen konnten uns nicht begleiten. Wo sie uns nicht mehr begleiten können, sind wir dennoch nicht allein. Ein anderer ist bei uns. Der Stecken und der Stab, sind das nicht die beiden Balken

des Kreuzes, das Zeichen dessen, der uns vorausgegangen ist? Der, der den Tod überwunden hat, wird auch uns herausführen aus dem finsteren Tal.

Du bereitest vor mir
einen Tisch
im Angesicht
meiner Feinde.
Du salbest
mein Haupt mit Öl
und schenkest mir voll ein.

Auch gute Menschen haben Feinde und Neider. Manchmal werden wir von anderen Menschen angefeindet, weil wir anders leben und handeln als sie: nicht nach den Maßstäben und Werten der heutigen Gesellschaft, sondern nach Gottes Geboten und seinen Werten.

Vielleicht hat es das Schlechte auch deshalb so leicht, weil es keinerlei Anstrengung braucht, sich in dessen Bann ziehen zu lassen, sich ihm anzuhängen und blindlings zu folgen. Gutes zu tun dagegen erfordert immer Mut und Kraft. Aufzustehen und Nein zu sagen, wenn meinem Nächsten Unrecht geschieht, dem Streitsüchtigen nicht mit Gleichem zu begegnen, sondern mit Sanft-Mut, damit die Spirale des Unfriedens nicht weitergeht. Wer so handelt, sitzt manchmal zwischen zwei Stühlen und macht sich Feinde.

Allerdings können wir so in dem guten Gefühl leben: Ich habe nach Gottes Willen gehandelt und Gott wird mich in meinem Handeln immer wieder stärken und schützen. Manchmal werden wir uns aber auch selbst zum Feind. Feinde können auch unsere eigenen Ängste und Befürchtungen sein.

Auch vor diesen bereitet Gott uns einen Tisch. Unter dem Schutz der Gastfreundschaft Gottes fällt es leichter, den eigenen Ängsten ins Auge zu sehen, Ängste werden kleiner, wenn wir den Mut finden, sie anzusehen.

Etwas nagt an uns: Manchmal ist es das Gefühl, alles falsch gemacht zu haben. Ich will denen nicht mehr begegnen, die mir jetzt vielleicht Vorwürfe machen. Ich will denen nicht begegnen, denen ich nicht mehr in die Augen sehen kann, ich will mir selbst nicht mehr begegnen.
Auch diese Gefühle, die uns zu Feinden werden, dürfen und sollen vor Gott gebracht werden. So vor Gott gebracht, kann und will er auch das Dunkle in sein Licht verwandeln. Ich werde nicht festgelegt auf das, was ich einmal getan oder versäumt habe.

Martin Luthers Abendsegen

Das walte Gott Vater, Sohn und Heiliger Geist!
Amen.
Ich danke dir, mein himmlischer Vater,
durch Jesus Christus, deinen lieben Sohn,
dass du mich diesen Tag gnädiglich behütet hast,
und bitte dich,
du wolltest mir vergeben alle meine Sünden,
wo ich Unrecht getan habe,
und mich diese Nacht gnädiglich behüten.
Denn ich befehle mich,
meinen Leib und Seele
und alles in deine Hände.
Dein heiliger Engel sei bei mir,
dass der böse Feind keine Macht an mir finde.
Amen.

Gutes und Barmherzigkeit werden mir folgen mein Leben lang, und ich werde bleiben im Hause des Herrn immerdar.

Bei dem, der mich herausgeführt hat aus dem finstern Tal, darf ich für immer bleiben. Was waren die grünen Auen im Vergleich zu dem, was ich jetzt habe! Nur eine Vorstufe, eine Durchgangsstufe zum Eigentlichen: eine Gemeinschaft mit Gott, in der es kein Leid, keinen Schmerz und keine Tränen mehr geben wird. Hier gibt es keine Aufbrüche, Umbrüche und Abbrüche mehr. Ich darf für immer bleiben.

Wenn mein Herz mich auch
in die verschiedensten Richtungen trägt
und mein Weg durch die
unterschiedlichsten Lebenslandschaften führt,
so folgt dein Licht stets meinem Schritt,
um mir Wegweiser zu sein.
Und wenn mein Fuß auch lange
auf Wegen gewandelt ist,
die nicht deiner Liebe entsprechen,
so weicht dein Licht
dennoch nicht von meiner Seite,
um mich – wenn auch im letzten Augenblick –
zu deinem Orte zu führen,
wo ich zu Hause bin.

Angelika Schäfer

Gebet

Herr, unser Gott, wir danken dir,
dass du uns in deinem Haus aufnimmst.
Du gibst uns Schutz und Geborgenheit.
Du deckst uns den Tisch mit deinem Wort
und den Gaben deiner Liebe.
Oft waren wir anderswo zu Hause
und haben an anderen Tischen gesessen.
Nicht immer waren es gute.
Hilf uns, bei dir zu bleiben,
wie auch du bei uns bleibst
in Höhen und Tiefen,
in guten und in schweren Zeiten.
Lass uns vertrauen auf Jesus, deinen Sohn,
der uns zuspricht:
Fürchtet euch nicht,
denn ich bin bei euch alle Tage,
bis an der Welt Ende.
Amen.

Die Autorin

Simone Christina Sander, geboren in Leinfelden-Echterdingen (Baden Württemberg), Studium der Theologie in Tübingen und Heidelberg, Pfarrerin zur Anstellung an der Kilianskirche in Heilbronn; seit 1997 Pfarrerin an der Stadtkirche in Ludwigsburg.

Textnachweis

Texte von Angelika Schäfer © mit freundlicher Genehmigung der Autorin

Die Bibelzitate sind entnommen aus: Lutherbibel, revidierter Text 1984, durchgesehene Ausgabe in neuer Rechtschreibung, © 1999 Deutsche Bibelgesellschaft, Stuttgart.

Bildnachweis

Umschlag, Seite 6/7: Oswald Eckstein
Seite 1: Archiv
Seite 2: Martin Geiges
Seite 28: Bildarchiv RODRUN/Knöll
Seite 9, 13, 18/19, 27, 30: Simone Sander
Seite 14/15, 21: Erich Tomm
Seite 22/23: Axel Stellmann

Bildbeschreibung

Seite 6/7: Kornbühl, Schwäbische Alp
Seite 21: Hörschbach bei Murrhardt
Seite 27: Durchgang im Kloster Maulbronn
Seite 28: Salmendinger Kapelle auf dem Kornbühl, Schwäbische Alb
Seite 30: Fenster der Stadtkirche Bad Wimpfen

www.agentur-rauhes-haus.de

Satz und Litho: DTP-Team Rau GmbH, Hannover
Druck und Bindung: EuroGrafica, Vicenza, Italien

Der Umwelt zuliebe gedruckt auf chlorfrei gebleichtem Papier.

ISBN 978-3-7600-1598-9
Best.-Nr. 1 1598-9